AF602662

COURS
DE DROIT
NATUREL ET POLITIQUE.

Prospectus.

Cet ouvrage sera divisé en quatre parties, qui formeront chacune un volume in-8° qu'on pourra se procurer séparément.

La première partie contiendra les principes du Droit naturel et politique.

La seconde contiendra les détails historiques, qui pourront éclaircir et justifier les principes établis dans la première.

La troisième contiendra l'analyse des différens systèmes de législation, et des principaux ouvrages qui ont fondé les sciences morales et politiques, particulièrement en France, en Angleterre, en Allemagne et en Italie.

Enfin, la quatrième contiendra la théorie actuelle de ces deux sciences, et des observations sur la meilleure méthode de les enseigner.

Comme j'ignore si le tems et les circonstances me permettront de mettre en ordre et de publier tous les matériaux que j'ai recueillis pour mon instruction particulière depuis un grand nombre d'années, et qui doivent composer les quatre volumes annoncés dans ce prospectus, je me suis déterminé à les faire imprimer par leçons séparées, qui contiendront chacune environ trois feuilles d'impression (40 ou 50 pages).

PRIX DE CHAQUE LEÇON, 1 F.

A Rennes,

Chez M.elle BLOUET, M. MOLLIEX, M. VATAR, Libraires, rue Royale.

Et à Paris,

Chez MM. PICHON et DIDIER, Libraires, quai des Augustins, n. 47.

COURS
DE DROIT
NATUREL ET POLITIQUE.

TOME PREMIER.

PRINCIPES DU DROIT NATUREL ET POLITIQUE.

TABLE
DES LEÇONS QUI COMPOSENT CE VOLUME.

Première Leçon. -- De la nature et de la destinée de l'homme.

Deuxième Leçon. -- Devoirs de l'homme envers Dieu.

Troisième Leçon. -- Devoirs de l'homme envers ses supérieurs naturels.

Quatrième Leçon. -- Devoirs de l'homme envers ses concitoyens.

Cinquième Leçon. -- Devoirs de l'homme envers sa patrie.

Sixième Leçon. -- De la division du travail et des différentes conditions sociales.

Septième Leçon. -- Devoirs des citoyens dépositaires de l'instruction publique.

Huitième Leçon. -- Devoirs des citoyens dépositaires de la puissance publique.

Neuvième Leçon. -- Devoirs des citoyens chargés de rendre la justice publique.

Dixième Leçon. -- Devoirs des citoyens chargés d'administrer la richesse publique.

SOMMAIRE DE LA PREMIÈRE LEÇON.

§ 1. Nature de l'homme. Son bonheur est attaché au développement le plus égal et le plus complet possible de ses facultés individuelles, et de ses vertus sociales. — § 2. La sociabilité est son caractère distinctif. Elle est l'effet du don de la parole qui lui a été spécialement accordé. — § 3. Les sciences et les arts, les lois et les institutions sociales peuvent seules développer les facultés intellectuelles et industrielles de l'homme, ses vertus morales et politiques. — § 4. État primitif de l'homme qui a dû inventer et créer lui-même les moyens ou les instrumens de sa perfection et de son bonheur. — § 5. Etablissement et révolutions successives des cités, des nations et des institutions politiques. — § 6. Situation actuelle de l'Europe et du monde civilisé. — § 7. Caractère et effets des différentes révolutions que la France a éprouvées depuis 40 ans. — § 8. Analyse de la Charte constitutionnelle du royaume de France. — § 9. Établissement des lois organiques qui doivent compléter la Charte constitutionnelle et assurer son exécution. — § 10. Avis aux jeunes gens qui se préparent à remplir dans la société une des différentes fonctions publiques nécessaires à sa conservation et à son perfectionnement.

COURS
DE DROIT
NATUREL ET POLITIQUE.

PREMIÈRE LEÇON.

DE LA NATURE ET DE LA DESTINÉE DE L'HOMME.

> La vie peut, aussi bien que toute autre chose, être regardée comme un art, et on ne doit pas plus en considérer les grands incidens comme de purs hasards, que les différentes parties d'une belle statue, ou d'un excellent poëme. (Fielding.)

Avant d'exposer les vrais principes du droit naturel et politique, il est nécessaire de déterminer d'une manière précise la base sur laquelle on doit aujourd'hui les établir, et de montrer par quels degrés les hommes sont parvenus au point de la reconnaître et à la nécessité de l'adopter.

§ 1. Nature de l'homme.

La morale est l'art de la vie. On entend en effet par ce mot pris dans sa signification la plus étendue, la connaissance acquise de tout ce qu'il faut savoir, et l'habitude contractée de faire régulièrement tout ce qu'il faut exécuter pour obtenir le plus haut degré de bonheur dont l'homme est susceptible dans une société bien organisée.

Cet art, ainsi que tous les autres qui n'en sont que des branches, est soumis à la marche générale de la civilisation : il a eu, comme eux, son origine, ses progrès, son déclin et sa renaissance. La longue expérience des siècles, que la fin du dix-huitième a renouvelé en dix ans, était nécessaire pour en mesurer toute l'étendue.

Le bonheur de l'homme est attaché à la perfection de son être (1), c'est-à-dire, au développement le plus égal et le plus complet possible, et à l'emploi le plus utile et le plus libre de ses facultés intellectuelles et industrielles. Voilà le but vers lequel il tend invariablement et qu'il doit un jour atteindre. Chaque individu en approche d'autant plus, pendant le cours de sa vie, que les circonstances particulières où il se trouve placé, tendent à favoriser davantage l'action et le perfectionnement progressif de celles qu'il a apportées en naissant, comme il s'en

(1) Estote ergo vos perfecti, sicut et Pater vester cœlestis perfectus est. (Saint Mathieu, ch. 5.)

éloigne en raison de leur inactivité et de leur dégradation.

C'est donc dans la nature même de l'homme et dans sa destinée qu'il faut chercher les vrais principes de la morale, puisque la sagesse, la vertu et le bonheur consistent également dans l'accomplissement des lois éternelles qui lui ont été prescrites par le souverain Auteur de toutes choses.

Mais dans l'exercice et dans les premiers développemens de ses deux facultés naturelles, l'homme, arrêté par sa faiblesse et son inexpérience primitive, périrait avant de pouvoir faire un pas, ou serait bientôt victime des dangers auxquels il est sans cesse exposé, s'il ne trouvait de l'aide et des secours dans les autres êtres semblables à lui.

§ 2. La sociabilité est le caractère distinctif de l'homme.

La *sociabilité*, qui est le caractère distinctif de l'homme, est la faculté particulière à son espèce, du moins dans l'extension dont elle est susceptible par le don de la parole (1) qui lui a été spécialement accordé, de ressentir et de se communiquer mutuellement les impressions différentes que chacun d'eux éprouve, de concerter et de réunir en conséquence leurs efforts pour parvenir à un but

(1) In principio erat Verbum, omnia per ipsum facta sunt, et sine ipso factum est nihil quod factum est. (S. Jean, Evang. ch. 1.)

commun. Par elle, il éprouve une foule de sensations ou de sentimens nouveaux qui lui étaient étrangers et inconnus; tantôt ces affections douces et paisibles, quelquefois ces passions brûlantes et énergiques qui ne se développent que par les relations habituelles de la société. Par elle encore, il acquiert une puissance irrésistible sur la nature, en divisant ses travaux, et en les faisant concourir de toutes les parties du globe à l'accroissement de ses jouissances et à l'exécution de ses vastes desseins.

Les relations de l'homme avec ses semblables, bornées dans l'origine à cet attachement naturel qui unit la même famille et les individus accidentellement rapprochés par le besoin ou par un intérêt commun, s'étendent bientôt par cette variété infinie de sentimens d'intérêts durables dont la société compose les liens qui nous unissent; elles prennent ensuite le caractère de patriotisme ou d'amour de la patrie, jusqu'à ce que par leurs développemens correspondans, elles n'embrassent l'humanité entière. Elles sont ainsi les seuls principes de cette perfectibilité indéfinie qui est le caractère éminent et distinctif de l'homme, et qui résulte de la *concentration* dans la personne de chaque individu des produits de l'expérience, des travaux et des vertus des hommes de tous les pays et de tous les siècles.

C'est ainsi qu'en s'affranchissant peu à peu des liens dans lesquels le tems et l'espace retiennent tous les autres êtres, il soumet la nature entière et peut s'élever jusqu'à son Auteur. (1)

L'homme est donc le plus parfait des êtres produits par l'Auteur de la nature, en ce qu'il est uni par un plus grand nombre de rapports, et qu'il est destiné à être l'agent universel de ses desseins et de sa providence sur tous ceux qui l'environnent, et dont le perfectionnement, ainsi que le sien propre, doit être son ouvrage. Soumis avec eux aux lois invariables qu'il leur a prescrites dans l'accroissement et le développement de ses facultés naturelles, il trouve dans la société de ses semblables les moyens de former sa raison par l'échange et la comparaison de leurs pensées; il peut ainsi rechercher les causes de tout ce qui existe, en calculer les effets, prévoir l'ordre immuable des événemens, et se soumettre volontairement à des lois dont la sagesse et la bienfaisance inspirent le respect et l'amour, comme elles contraignent l'obéissance par leur inévitable nécessité. (2)

---

(1) Il est un seul Tout-puissant de qui toutes choses procèdent et vers qui elles remontent, si elles ne sont pas dépravées. (Milton, paradis perdu, liv. 4.)

(2) Volentem ducunt fata, nolentem trahunt. (Sénèq.)

S'il est impossible d'arrêter le cours de la perfectibilité de l'homme ou du développement indéfini de ses facultés, et de faire reculer ses destinées, suivant l'expression énergique de Mirabeau, il ne l'est pas moins de fixer d'avance le degré de bonheur auquel il doit atteindre par la multiplication et la variété infinie des jouissances qui lui sont réservées et qui se déploieront sur toutes les formes que la combinaison de leurs élémens amènera infailliblement dans le cours des siècles.

Les progrès de cette perfectibilité depuis les premiers tems dont nous avons conservé le souvenir, ne permettent pas d'en poser les limites; mais ils ont fait connaître la vraie destinée de l'espèce humaine. Sa route constante et régulière à travers les siècles a été démontrée par l'histoire et la philosophie, comme les lois physiques du mouvement des corps célestes dans l'espace l'ont été par l'observation et le calcul; et cette grande vérité, jointe à des recherches plus exactes sur sa nature particulière, a fourni les moyens de fonder enfin la morale et la politique sur une base commune et inébranlable.

C'est un beau et utile spectacle de considérer l'homme à l'origine des sociétés, jetté en quelque sorte dans le monde au milieu du cahos de la nature et du désordre des élémens, abandonné à sa faiblesse et à son ignorance primitive, inférieur en force et en agilité à un grand nombre d'animaux dont il est long-tems exposé à devenir la proie, et de le suivre dans l'immense carrière qu'il a déjà parcourue depuis cette époque reculée.

On le voit s'élever graduellement au développement et à la perfection de toutes ses facultés intelligentes et industrielles, et de ses vertus morales et politiques, malgré les accidens innombrables dont chaque individu est si souvent victime, et les bouleversemens des empires. Luttant avec persévérance contre l'infortune et tous les obstacles qui s'opposent à ses efforts, il poursuit sans cesse le bonheur qui semble, comme Protée, s'enfuir sous toutes les formes, jusqu'à ce qu'il puisse enfin le fixer, par le perfectionnement des moyens mêmes et des instrumens qui doivent un jour lui en assurer la paisible et entière jouissance.

C'est ainsi qu'en passant par toutes les situations nouvelles et différentes que les vicissitudes et les révolutions des sociétés amènent continuellement, il s'avance majestueusement au terme de sa destinée sur leurs débris accumulés, en acquérant toujours de nouvelles connaissances, une nouvelle industrie et de nouvelles vertus par l'expérience et les leçons du passé. (1)

(1) Ecce spectaculum dignum quod respiciat intentus operi suo Deus, vir bonus luctans cum malâ fortunâ. (Sénèque.)

En considérant, dans le vaste tableau que présente l'histoire, les individus séparément, et en les voyant périr pour la plupart, avant d'avoir appris à se connaître eux-mêmes, et développé le germe des talens que la nature leur avait accordés, on s'afflige souvent sur leur destinée particulière, et on serait quelquefois tenté de regarder comme un présent funeste cette perfectibilité dont l'homme est doué, et qui, en liant le sort de chacun d'eux à celui de sa famille, de sa nation et de son espèce entière, semble ne servir qu'à l'empêcher de vivre, et à lui faire sacrifier son bonheur présent à un avenir dont il n'est pas appelé à jouir.

La même réflexion s'applique aux peuples qui disparaissent de la terre et font place à d'autres, après un long cours d'agitations, sans avoir acquis un état stable et permanent de prospérité. Pendant long-tems ils sont occupés à sortir de la faiblesse et de l'ignorance qui caractérise leur enfance comme celle des individus; et ce n'est qu'avec beaucoup d'efforts et le secours des circonstances les plus heureuses qu'ils parviennent à assurer leur indépendance, à fertiliser leur sol, à acquérir des richesses et à polir leurs mœurs : mais à peine ont-ils échappé à ces causes multipliées de destruction qui enlèvent les nations naissantes comme les enfans au berceau, et établi dans leur sein une forme d'administration active et régulière, qu'ils se corrompent et marchent à grands pas vers leur dissolution qui est bientôt amenée par les vices mêmes du Gouvernement, quand elle résiste aux attaques des ennemis extérieurs.

Cette triste expérience qui se renouvelle continuellement dans l'histoire des siècles passés, et dont nous avons été nous-mêmes les témoins, paraissait condamner chaque individu à un malheur réel, et mettre un obstacle insurmontable à la perfectibilité même de l'espèce humaine, en la replongeant dans la barbarie au moment où les progrès de toutes les institutions sociales semblaient devoir en reculer les limites à un degré jusqu'alors inconnu : mais c'est cette expérience même qui nous a fait connaître par des faits constans et répétés, observés et recueillis avec soin, la vraie nature et la sublime destinée de l'homme.

« On voit, dit un Auteur célèbre, que les » plus anciennes générations semblent ne s'être » péniblement agitées qu'en faveur de celles qui » les ont suivies, et ne s'être soumises à tant » de travaux et de fatigues que pour leur pré- » parer un nouveau degré, d'où elles pussent » élever toujours plus haut l'édifice dont la » nature a tracé le plan, de telle sorte que les

» plus reculées jouissent enfin du bonheur d'ha-
» biter cet édifice auquel une si longue suite
» de leurs prédécesseurs auront constamment
» travaillé sans savoir ce qu'ils faisaient, et sans
» qu'ils pussent prendre part à la félicité qu'ils
» préparaient à d'autres. » (Kant, *idée de ce que pourrait être une histoire universelle.*)

Ici, comme dans tous ses autres ouvrages, la marche de l'Auteur de la nature est également adorable et régulière; mais le tems seul pouvait nous la dévoiler et nous initier dans ses mystères.

L'étrange phénomène que l'histoire humaine présente ne devait en effet s'expliquer qu'à l'époque où l'on considérerait chaque homme non plus comme un individu isolé, mais comme faisant partie d'une espèce impérissable et immortelle où il se renouvelle sans cesse, et au bonheur général de laquelle son sort particulier est attaché. Le développement de ses dispositions ou facultés naturelles, c'est-à-dire l'accroissement graduel de ses connaissances, de ses talens et de ses vertus, dépend des progrès successifs qu'elle fait à chaque siècle et dans chaque partie du globe, et auxquels il contribue par ses efforts, et même par l'exemple de ses écarts et des malheurs qui en sont la suite. Les maux et les accidens de la vie ne sont pour lui que les fatigues d'un jour, et le lendemain, en variant son existence, lui offre une autre carrière à parcourir, jusqu'à l'époque où le genre humain entier, arrivé au terme commun, aura trouvé le moyen de mettre le fruit de ses travaux à l'abri de ces ravages partiels et périodiques qui lui en enlèvent souvent encore une partie, et d'en assurer la jouissance égale et paisible à chacun des membres de cette immense association.

§ 3 Objet des sciences, des arts, des lois et des institutions politiques.

L'organisation de l'homme n'a point changé depuis les premiers tems dont l'histoire nous a transmis le souvenir : la durée de la vie de chaque individu est renfermée à peu près dans ses anciennes limites, et ses facultés ou dispositions primitives sont toujours les mêmes. Ce n'est donc que par l'établissement et le perfectionnement des moyens ou des instrumens qui peuvent en accélérer le développement, et leur donner tout celui dont elles sont susceptibles dans ce court intervalle, qu'il remplit le plan immense tracé par l'Auteur de la nature, et qu'il approche davantage du terme qui lui a été fixé. Voilà l'échelle sur laquelle on doit rapporter tous les jugemens opposés sur la moralité des actions humaines, mesurer les vertus publiques et privées, et apprécier les services rendus à l'humanité par les nations comme par les individus.

L'édifice social que l'homme est destiné à élever, pour me servir de la même comparaison, ou plutôt l'ensemble de tous les produits de la civilisation, mis en réserve par les générations passées pour l'avantage commun de la société universelle, est composé de quatre parties distinctes qui correspondent à ses deux facultés naturelles et aux deux vertus sociales qui comprennent toutes les autres; les *sciences*, les *arts*, les *lois* et les *institutions politiques*.

Quoiqu'aucunes d'elles ne soit encore parvenue au point qu'elle doit atteindre, et que nous en soyons même séparés par une grande distance, nous sommes au moins arrivés à celui où nous pouvons sentir tout leur prix, déterminer leur objet, et calculer, au moyen de la route que nous avons déjà faite, celle qui nous reste à parcourir pour les porter à leur perfection.

Quelqu'active que soit la vie d'un individu, au milieu même du mouvement le plus rapide des sociétés, son existence personnelle bornée au petit nombre d'impressions, de sentimens et d'idées qu'il éprouve ou qu'il acquiert par son expérience propre, est toujours incomplète. Le besoin qui le porte à l'agrandir sans cesse est la source de tous les excès auxquels il se livre, quand on ne lui fournit pas les alimens qui peuvent seuls le satisfaire utilement et sans dangers. Tel est l'objet des sciences et des lettres qui, en lui transmettant les pensées de tous les autres hommes recueillies avec ordre et revêtues des charmes de l'imagination, semblent en quelque sorte l'identifier avec eux, et l'associer à cet esprit universel qui préside aux destinées du genre humain. C'est par elles en effet qu'il devient, suivant la pensée d'un Magistrat célèbre, contemporain de tous les siècles et habitant de tous les pays. Le système du monde physique et moral se déroule devant lui, et il n'est étranger à aucun de ces sentimens élevés ou délicats qui honorent la nature humaine. Par elles un jeune homme, après quelques années d'études, est plus avancé que Newton en physique et en géométrie, et il peut hériter du génie de Démosthènes et de l'ame de Caton. Tout s'anime et s'embellit à ses yeux; son cœur et son esprit sont également accessibles aux émotions les plus douces, comme aux vérités les plus sublimes. Les préjugés et les terreurs vulgaires s'évanouissent, et il s'approche ainsi chaque jour davantage de la cause première qui ne se manifeste à lui que par la grandeur et la sagesse admirable de ses ouvrages, dont il doit avoir pénétré tous les mystères par le développement complet de son intelligence, avant d'arriver à leur Auteur. (1)

(1) Felix qui potuit rerum cognoscere causas
Atque metus omnes et inexorabile fatum
Subjecit pedibus, strepitumque Acherontis avari. (Virg.)

Les arts sont le résultat des travaux et de l'industrie des hommes, comme les sciences sont celui de leurs observations et de leurs expériences. C'est l'ensemble de toutes les opérations combinées par lesquelles ils ont ajouté de nouvelles forces à leur capacité naturelle, et augmenté les productions régulières de la nature, ou plutôt c'est la nature même perfectionnée dans ses moyens et dans ses effets. Nos connaissances seraient inutiles et même funestes, si elles ne faisaient qu'enflammer la curiosité et exciter des désirs que nous ne pourrions pas satisfaire : mais à mesure que l'intelligence de l'homme s'est étendue à un plus grand nombre d'objets, sa puissance active a trouvé dans l'invention et le perfectionnement des arts, le supplément qui lui était nécessaire pour correspondre à l'accroissement de son existence et à la multiplication de ses besoins qui en ont été la suite. Par leur secours il a fertilisé et embelli le sol qu'il habite; les animaux ont peu à peu reconnu son empire, ou se sont refugiés loin de ses habitations paisibles. Tous les corps ont été décomposés ou recomposés pour être façonnés et appropriés à ses usages, et lui fournir les choses de nécessité et d'agrément qu'il consomme; ses richesses se sont accumulées par l'excédant du produit du travail de chaque génération, et surtout par ces ouvrages durables qui transmettront à celles qui sont appelées à les remplacer les bienfaits de leur industrie, et les monumens éternels du génie qui les a créés. Des villes opulentes se sont élevées pour être le dépôt de ces richesses, et ont été réunies par des routes et des canaux qui en ont facilité la multiplication et le transport. C'est aussi dans leur sein qu'a été l'asile de ces arts enchanteurs dont les brillans prestiges charment la vie, et qui, en adoucissant les mœurs, servent en même tems à exciter et à récompenser ces passions nobles et généreuses qui donnent la véritable mesure de l'homme. Voyez-le encore franchir l'abîme des mers, s'élever au-dessus des nuages, et mesurer l'immense étendue des Cieux. Tous les élémens lui sont asservis, et leurs forces actives auxquelles rien ne peut résister quand on sait s'en servir et les régler, déjà en grande partie à ses ordres, n'attendent plus que le moment où les progrès ultérieurs des arts permettront de les employer toutes, et de les faire agir de concert pour ne rien laisser d'impossible à leurs efforts.

Si les deux facultés de l'homme ont besoin des sciences et des arts pour parvenir au degré d'extension et d'énergie qu'elles doivent atteindre, ses relations sociales demeureraient également restreintes dans un cercle infiniment borné, sans l'établissement des lois et des institutions politiques.

Et en effet, les relations les plus multipliées que chaque individu contracte personnellement avec ceux des autres hommes que des circonstances accidentelles rapprochent de lui, n'embrassent qu'un petit nombre d'objets déterminés par ces mêmes circonstances, et peuvent se rompre promptement, ou faire place à des inimitiés et à des vengeances réciproques. On entend ici sous le nom de *lois* toutes les institutions par lesquelles ils ont garanti, perpétué, facilité et étendu les relations naturelles que le besoin, le plaisir ou l'intérêt du moment forment d'abord entre eux. Une loi en général, et quel que soit son but particulier, n'est autre chose en effet que l'établissement régulier d'un rapport constant entre un certain nombre d'hommes.

Elles leur donnent ainsi successivement une famille, une patrie; et en unissant les nations même, elles font entrer chacun des individus qui les composent dans la société universelle du genre humain. Par leur moyen toutes les affections morales de l'homme se développent et trouvent occasion de s'exercer. Dès sa jeunesse l'éducation qu'on lui donne forme les premiers liens de cette immense association, en le façonnant aux opinions et aux usages reçus : de vastes marchés, qui rassemblent les productions du monde entier, fournissent ensuite de l'occupation à tous les genres d'industrie; tandis que d'autres établissemens publics lui distribuent du travail ou des secours, des encouragemens ou des récompenses, et offrent à sa vieillesse du repos et un asile honorable. Chaque homme a une part fixée dans le produit des travaux des générations passées, et il peut, sans crainte d'en être dépouillé, l'augmenter par les siens, et en disposer à son gré. Ces avantages précieux de la civilisation ne sont pas bornés au pays qui l'a vu naître; par-tout où ses principes sont connus et respectés, il est assuré de trouver également des compatriotes et des amis.

Quand les lois et les autres institutions sociales, parvenues à ce point, uniront tous les hommes par un intérêt commun, chacun d'eux jouissant d'une bienveillance universelle, et de cette vraie dignité attachée à sa qualité de citoyen du monde, disposera réellement du travail et des forces de tous ses habitans. L'amour de la gloire, des richesses ou du pouvoir, ces passions violentes qui ont été si souvent funestes aux peuples comme aux individus, parce que ceux qui en étaient tourmentés ne pouvaient les satisfaire que par une exception au sort commun, et en s'élevant au-dessus de leurs rivaux, ne se dirigeront plus que vers l'augmentation de la prospérité générale. Semblables à ces fluides actifs qui, en circulant dans les airs et au sein de la terre, ont amené toutes les révolutions de la nature, après avoir bouleversé les sociétés, elles serviront seulement à les vivifier par leur salutaire influence, quand l'homme aura perfectionné les moyens de prévoir et de détourner leurs ravages.

§ 4.

Etat primitif de l'homme.

Les *sciences* et les *arts*, les *lois* et les *institutions politiques*, voilà donc les seuls instrumens du bonheur de l'homme, et l'éternel monument qu'il doit élever à sa gloire : mais pour que ce bonheur lui appartînt réellement et fît en quelque sorte son existence, il fallait qu'il en fût seul l'artisan, et qu'après l'avoir acheté par la constance de ses efforts, il acquît l'art plus difficile encore de le conserver. La nature semble s'être complue à son égard dans la plus sévère économie, suivant l'observation d'un auteur que nous avons déjà cité, et elle a mesuré avec une telle épargne, une telle exactitude et sur les besoins les plus indispensables d'une existence naissante, les facultés primitives dont elle a doué ce roi de la terre, qu'elle l'a obligé à tirer tout de lui-même, et à s'élever par ses propres efforts à la plus merveilleuse industrie et à la perfection de toutes ses facultés. Ses moyens de subsister, de se vêtir, de se défendre, toutes les douceurs de la vie, sa prudence même, sa clairvoyance, et jusqu'à la rectitude de sa volonté, tout devait être son ouvrage. (Kant, *ibid.*)

Ce n'est que par degrés, et dans le cours d'une longue suite de siècles, qu'il était dans l'ordre de l'Auteur de la nature d'accomplir ses desseins, et que l'homme a pu surmonter les obstacles multipliés dont il avait entouré son berceau et semé la route pénible qu'il lui avait tracée. Après avoir existé long-tems dépourvu de connaissances, sans industrie et étranger à la plupart des affections sociales, il ne peut avoir, pendant long-tems encore, que des connaissances incomplètes et mal distribuées, une industrie grossière et des mœurs barbares. Son ignorance primitive est ainsi remplacée par des erreurs et des préjugés. L'état de faiblesse et de dénuement où il vivait, est suivi de cette inhabilité pour toute autre chose et de l'asservissement qui résulte de l'habitude d'une profession pénible et exclusive; et à l'isolement des familles éparses, succèdent bientôt ces querelles sanglantes qui divisent ensuite les peuplades naissantes et les nations formées de leurs débris. Tel est le cercle inévitable qu'il doit parcourir, jusqu'à ce qu'enfin les progrès de la civilisation ne rassemblent, et ne puissent apporter en tribut à chaque individu, les résultats de toutes les sciences et le produit de tous les arts, quand ils seront tous également réunis par les liens d'une association commune.

Dans ce long enchaînement de révolutions, l'état de l'homme a continuellement changé, et par conséquent la morale privée et publique, ou celle des nations et des individus qui n'est autre chose, comme nous l'avons vu, que l'art de se rendre heureux en se conformant à l'ordre prescrit par l'Auteur de la nature, a été soumise aux mêmes altérations; mais en les examinant avec soin, on voit, ainsi que l'observe Montesquieu, qu'il n'a point été conduit uniquement par ses fantaisies dans cette diversité infinie de lois et de mœurs qu'il a successivement adoptées, et qu'elles ont été le résultat nécessaire des situations différentes où il s'est trouvé placé dans l'exécution graduelle du vaste plan auquel il était appelé à concourir. Pour bien connaître leur esprit, et déterminer celles qui lui conviennent actuellement, il faut d'abord se placer à cette grande époque où sa puissance a commencé à seconder celle de la nature, et se former une idée juste de son état primitif et de sa constitution originelle.

Les antiques allégories de l'âge d'or ont long-tems fait illusion sur l'état primitif de l'homme, et la félicité dont on a supposé qu'il jouissait, alors que tous ses besoins étaient satisfaits facilement et sans travail, et qu'il ne connaissait aucun des maux qui se sont introduits depuis cette époque reculée. Des écrivains célèbres ont rêvé d'un autre côté un prétendu état de nature auquel ils proposent sans cesse de le ramener, comme étant infiniment préférable à tout ce qui lui a succédé, et n'ont point hésité d'avancer que les progrès de la civilisation, en perfectionnant la raison humaine, ont détérioré l'espèce, et rendu l'homme méchant en le rendant sociable. (1) Leur indignation contre les abus dont ils étaient témoins, les a précipité dans cet excès dont les conséquences ne sont pas moins funestes que les préjugés de ceux qui, partant du même principe de la dégradation successive de l'homme, veulent l'arrêter dans la situation que leur intérêt personnel les engage à maintenir. C'est ainsi que les uns en s'opposant à toute amélioration progressive, et les autres en détruisant toutes les améliorations déjà obtenues, prolongent l'enfance des sociétés et y occasionnent d'affreux désordres. Mais ces préjugés et ces sophismes disparaissent également devant les monumens de l'histoire et les observations d'une sage philosophie.

C'est un fait constant, que la terre brute, adandonnée à elle-même, et que l'homme n'a pas encore assujétie par des efforts réunis et concertés, n'est qu'un séjour affreux où manque presque tout ce qui est nécessaire à l'espèce humaine, et où abondent les choses qui lui sont le plus nuisibles.

---

(1) Rousseau, *Discours sur l'origine et les fondemens de l'inégalité parmi les hommes.*

C'est un horrible cahos où les élémens paraissent confondus, un immense repaire convenable seulement aux animaux carnassiers, aux reptiles venimeux, et surtout aux insectes qui s'y multiplient à l'infini. Tout ce qui n'est pas absolument aride, tel que ces régions couvertes de glaces et de neiges éternelles ou de sables brûlans, est couvert d'épaisses forêts impénétrables aux rayons du soleil, et dont les fruits offrent un petit nombre d'alimens et beaucoup de poisons mortels. Les fleuves et les torrens, n'ayant point encore de lit fixe, forment par-tout des lacs, des marais et des eaux croupissantes d'où s'exhalent sans cesse une humidité et des vapeurs infectes qui corrompent l'air et le rendent pernicieux. Voilà l'état dans lequel les anciens historiens nous représentent tous les pays nouveaux au moment où les premières sociétés commencèrent à s'y établir. C'était également celui de l'Asie mineure, de la plus grande partie de la Grèce, des Espagnes et de la Lusitanie, des Gaules, de la Germanie et de la Grande-Bretagne. (1) Strabon nous apprend que l'Arménie n'était qu'un grand lac avant que les hommes en eussent détourné les eaux dans l'Araxe. Les rives de l'Indus et du Gange ont été pendant des siècles des marais impraticables.

---

(1) *History of great Britain* by. Henry. *Voyages* de Levaillant en Afrique.

Il y a principalement trois pays qui ont été en entier l'ouvrage de l'industrie humaine, les deux belles provinces de Kianguan et de Tchekiang à la Chine, l'Egypte et la Hollande. (1)

Sans remonter à une antiquité reculée, l'Amérique qui n'a éprouvé ces grandes catastrophes physiques par lesquelles la nature a façonné la surface du globe, que beaucoup plus tard que l'ancien continent, et où la terre n'est pas même encore en repos de nos jours, était au moment de sa découverte, à l'exception du Pérou et du Mexique plus anciennement cultivés, une demeure également funeste à l'homme et aux espèces d'animaux qui lui sont le plus utiles; ils y étaient abrutis, énervés et viciés dans toutes les parties de leur organisation. La surface de la terre était inondée de lézards, de couleuvres, de serpens, de reptiles et d'insectes monstrueux par leur grandeur et l'activité de leur poison qu'ils tiraient des sucs abondans de ce sol inculte, abandonné à lui-même, et qui faisait végéter plus d'arbres vénéneux qu'il n'en croît dans les trois parties du reste de l'univers connu. Il faut encore ajouter à ce tableau les maladies endémiques de chaque contrée, et qui en résultent évidemment, sans qu'on puisse les attribuer à la débauche des grandes villes, et à la corruption

(1) *Esprit des Lois*, l. 18, c. 6.

des peuples policés, maladies dont la funeste influence a cédé par-tout aux progrès de la civilisation et d'une bonne police.

Tel est le premier séjour que la terre offre à l'homme, et il redevient entièrement inhabitable, quand après l'avoir épuisée par une consommation excessive de ses productions spontanées, il cesse de la ranimer par son travail, et de la contraindre à servir ses besoins et ses plaisirs.

L'état dans lequel nous voyons aujourd'hui la nature, a dit Buffon (1), est autant notre ouvrage que le sien; nous avons su la tempérer, la modifier, la plier à nos désirs. L'aspect sous lequel elle se présente, est donc bien différent de celui des tems antérieurs à l'invention des arts. Ce n'est que depuis environ trente siècles que la puissance de l'homme s'est réunie à la sienne, et s'est étendue sur la plus grande partie de la terre. Il a fallu ce long intervalle pour qu'elle arrivât par degrés au point de perfection et de magnificence où nous la voyons aujourd'hui. Quand on parcourt ces plaines, ces côteaux plantés de vignes, ces prairies couvertes de troupeaux; en se promenant dans ces jardins délicieux, où se trouve réuni tout ce qui peut flatter les sens, ou dans ces forêts majestueuses

(1) *Introd. aux époques de la nature.*

traversées par des routes agreables ; en voyant les fleuves rouler leurs eaux bienfaisantes dans des lits d'où elles ne sortent qu'à volonté, pour fertiliser nos champs ; en respirant cet air pur et vivifiant qui s'exhale de tant de fleurs odorantes, et de cette multitude de plantes nutritives et salutaires, l'ame se pénètre à la fois d'admiration pour l'homme qui s'est procuré par sa persévérance tous ces avantages, et du noble enthousiasme de consommer son ouvrage en rendant leur jouissance générale, et en mettant le fruit de ses travaux, continués sans interruption pendant plusieurs milliers de siècles, à l'abri des ravages auxquels ils sont encore si souvent exposés.

§ 5.

Etablissement et révolutions successives des cités, des nations et des institutions politiques.

On peut diviser en quatre âges ou périodes l'histoire de la société, depuis l'instant où les hommes se sont réunis par la nécessité d'échapper aux dangers dont ils étaient entourés, et de se procurer ce qui était nécessaire au soutien de leur fragile existence, jusqu'à celui où elle sera arrivée au dernier terme qui leur a été fixé. Ce n'est qu'en les observant avec attention qu'on est parvènu à connaître les causes de la variation de la morale des nations à chacune des époques de leur civilisation, et par conséquent de celle des individus qui en a toujours dépendu en grande partie. Il est inutile de s'arrêter à considérer l'homme dans ce qu'on a appelé quelquefois l'état de nature, antérieur à l'établissement de toute association, même entre quelques familles, parce que la sociabilité étant, comme nous l'avons vu, son caractère distinctif et éminent, en le supposant toujours isolé, et tant que cette faculté ne s'est point encore développée, il n'est qu'un animal inférieur à presque tous les autres, alternativement pusillanime et féroce, fuyant lâchement devant ses ennemis, ou faisant essuyer à ceux qui tombent entre ses mains des tourmens horribles, obligé fréquemment d'abandonner ou de faire périr les enfans et les vieillards qui ne peuvent par eux-mêmes pourvoir à leur subsistance. Le véritable état naturel de l'homme est celui pour lequel toutes ses facultés ou dispositions primitives ont été coordonnées, et où elles tendent invariablement; c'est-à-dire, celui où elles pourront recevoir leur développement entier et correspondre au but de leur destination.

Le premier âge des sociétés civiles et politiques, ou la première situation dans laquelle il importe de les considérer, est celui de leur établissement. Elles ne commencent véritablement qu'à l'époque où un certain nombre de familles s'unissent pour défendre leurs troupeaux qui sont leurs premières richesses, c'est-à-dire le premier produit de leur industrie, ou le sol particulier sur lequel elles se sont fixées, et qu'elles se sont approprié par leur travail. Leur premier besoin est d'être indépendantes, puisque sans cela elles n'existent point, et que l'indépendance est à un peuple ce que la vie est à un individu. Ce besoin est par conséquent dans tous les pays le fondement du caractère national, et détermine la première vertu du citoyen, à laquelle toutes les autres sont nécessairement subordonnées. On voit alors naître le siècle de *l'héroïsme et de la chevalerie*, dont l'origine et l'éclat proviennent de la difficulté qu'il y a de faire respecter les premières lois protectrices de la propriété et de la sureté, à des hommes que l'ignorance et la barbarie privent encore des moyens d'assurer leur subsistance et de concerter leurs travaux. Mais c'est aussi celui de la superstition, compagne inévitable de l'ignorance et de la barbarie, et celui de l'esclavage civil et domestique d'une grande partie des habitans de la cité, qui résulte des mêmes causes. Sans nous arrêter davantage sur cet objet auquel nous reviendrons quand nous rechercherons les causes des variations qu'a éprouvé la morale individuelle, il nous suffit d'avoir remarqué le caractère distinctif de la première époque de la civilisation, cet amour énergique de l'indépendance de la cité dont on est membre, d'où sont sorties tant d'actions héroïques, et qui se manifeste trop souvent aussi par une haine inextinguible et une vengeance implacable contre ses ennemis. (1)

Le second âge de la société est celui de son agrandissement et de sa puissance par la réunion de plusieurs cités particulières et indépendantes dans la même cité ou patrie commune. Un état isolé, formé du petit nombre d'hommes qui peuvent se réunir immédiatement, a toujours une existence faible, précaire, et subordonnée aux caprices et aux passions de ses voisins. Les sciences et les arts, qui ne s'alimentent que par les découvertes et les productions des différens peuples et des différentes régions, restent dans l'enfance; pauvres et livrés aux préjugés les plus grossiers, les peuples eux-mêmes ne peuvent ni adoucir ni polir leurs mœurs féroces et barbares; mais faute de moyens d'association avec les cités voisines, chacune d'elles est obligée de détruire les autres pour n'en être pas détruite, et une guerre d'extermination s'élève entre leurs habitans, jusqu'à ce que les vaincus ne soient anéantis ou réduits en servitude, et leurs champs ravagés ou partagés entre les vainqueurs. Tel est le second obstacle qui s'oppose aux progrès de la civilisation. La réunion des petites cités indépendantes en corps de nation,

(1) Vattel, L. 1, ch. 1.

ne peut pas, dans l'origine, être l'effet d'un accord volontaire, fondé sur la connaissance de leurs intérêts réciproques, puisque cette connaissance étant le fruit de leurs lumières et de l'établissement d'un commerce régulier, doit être précédée par cette réunion même dont elle est la conséquence, et non pas le principe. Elle ne peut encore s'effectuer que par cet amour du pouvoir que la nature a donné à chaque individu, et qui se développe presqu'en même tems que celui de la vie; amour qui fonde la seconde vertu publique des nations par l'émulation salutaire ou l'*antagonisme* (1) dont il est la source, et sans lequel tous leurs moyens de prospérité resteraient stériles. Cette période est donc le siècle des *conquêtes et du fanatisme religieux*, qui, en réunissant plusieurs nations en une seule par la puissance de la force ou celle de l'opinion, étendent le nombre des connaissances et des richesses humaines, c'est-à-dire, des productions du génie ou du travail de chaque individu, et multiplient ainsi ses relations et ses affections. Des catastrophes sanglantes, dont les récits occupent presque toutes les pages de l'histoire, signalent ce second pas de la civilisation, qui est particulièrement remarquable par le despotisme

(1) V. Kant, *ibid.*

militaire qui succède à l'aristocratie de quelques chefs ambitieux, ou à la tyrannie d'un seul, dont les premières cités ont toujours été successivement tourmentées. Si ceux qui professent les arts utiles ne jouissent point encore de la liberté, leur servitude est au moins adoucie par la forme plus stable que prend le gouvernement, et l'intérêt qu'il a de les ménager pour augmenter et assurer sa puissance. Cette fixité contribue surtout à adoucir les mœurs, et favorise tous les genres d'industrie. L'amour de la patrie prend alors un plus grand caractère; au lieu de se borner à l'indépendance d'une petite cité, il se porte vers le gouvernement commun qui les réunit : la soumission à son autorité, nécessaire au maintien de la paix intérieure, l'accroissement de sa gloire et de sa puissance, voilà les nouvelles vertus que cette nouvelle situation ajoute à celles qui dérivent de la première, mais qui produisent d'affreux ravages, quand elles ne s'arrêtent pas dans de justes bornes. (1)

Quand une société est parvenue à cet état de sûreté et de tranquillité qui la met également à l'abri des invasions des ennemis extérieurs dont

(1) Stwart *Wiews of society, from rudeness to refinement.*

les efforts ne peuvent plus compromettre son existence, et des dangers souvent aussi funestes qu'entraînent ses divisions intestines, elle peut commencer utilement à s'occuper de l'amélioration de son sort, à cultiver les arts, à faire fleurir le commerce, à s'enrichir et à s'éclairer. Le troisième besoin d'une société, et la troisième période qu'elle a à parcourir pour continuer l'ouvrage de la civilisation, sont donc de faire régner dans son sein une heureuse abondance de toutes les choses nécessaires (1) à la vie, *même des commodités et des agrémens innocens et louables.* Quand les richesses ne sont plus le fruit de la conquête, mais d'un travail assidu et d'une vie entièrement occupée, loin de corrompre les nations, elles les améliorent en adoucissant les mœurs et en créant de nouveaux plaisirs. Elles excitent une cupidité salutaire qui arrache l'homme à cette inertie, à cet ennui qu'on doit regarder comme une des maladies les plus communes et les plus cruelles de l'humanité, et qui réveille son industrie et développe tous ses talens.

Le commerce établit entre les peuples et les individus une foule de relations nouvelles qui substituent les liens d'un intérêt mutuel à ceux que la force et la crainte seules pouvaient former

(1) Vattel, liv. 1, ch. 6.

entre eux. Les querelles même qui les divisent encore deviennent moins cruelles, et n'ont plus pour objet que le maintien *de la balance politique ou des avantages commerciaux* entre des nations plutôt rivales qu'ennemies. Toutes les anciennes traces de l'esclavage domestique et de la servitude personnelle disparaissent successivement, et c'est ainsi que commence enfin le règne de la liberté et de l'égalité civile qui résultent de la protection que les lois accordent indistinctement à tous les citoyens, sans exception. L'amour de la patrie qui n'était dans le principe que celui de l'indépendance dont les fondateurs voulaient jouir, ou du pouvoir que quelques chefs ambitieux étaient appelés à partager, devient alors celui des jouissances agréables et paisibles, et s'étend à toutes les classes de l'état que la stabilité des lois invite également à se les procurer par leur travail assuré de sa récompense.

Ce n'est pas assez pour une nation d'exister, d'être puissante et d'avoir accumulé beaucoup de richesses dans son sein; si elle ne sait pas faire usage de cette puissance et de ces richesses pour le bonheur de tous ses habitans et celui des autres nations, elle ne les conserve pas longtems, et son existence même est bientôt attaquée jusque dans ses premiers élémens. Sa régénération ou l'âge de la moralité est donc le dernier terme qu'elle doit atteindre pour ne pas voir s'anéantir, et pour augmenter le produit de ses premiers efforts. Après avoir créé tous les instrumens de sa félicité, il lui reste encore à la rendre vraiment populaire, en la communiquant à tous ceux qui peuvent la partager, et à prévenir la dégénération physique et morale qui suit ordinairement les siècles de gloire et d'opulence. L'établissement de la *liberté et de l'égalité politique*, qui sont le complément de la liberté et de l'égalité civile introduites dans la société pendant la période précédente, en est l'unique moyen. C'est alors seulement que chaque individu jouit de tous les bienfaits de la civilisation, et qu'en unissant intimement son sort à celui de l'état, il peut acquérir des vertus dont la corruption du luxe ou l'avilissement de la misère l'éloignaient également. Alors la morale se confond avec la politique, et elles comprennent dans leur sphère commune toute l'étendue des droits et des devoirs de l'homme social; mais ce dernier pas à franchir qui demande une puissance solidement établie, et un grand fonds de lumières, de richesses et de vertus privées déjà répandues dans toutes les classes de la société, est entouré d'obstacles et de dangers proportionnés aux hautes et glorieuses destinées qui lui sont ensuite réservées. Le caractère particulier de l'époque qui achève l'ouvrage de la civilisation et des vertus qu'elle exige, est marqué par la nature même de ces obstacles ou des querelles sanglantes qui s'élèvent alors, dont l'objet est de revendiquer les droits de l'homme et de consacrer ceux des nations, mais qui finissent souvent par détruire les sources même de la prospérité à laquelle elles étaient déjà arrivées.

Toutes les nations qui se sont élevées successivement sur la terre, tendent invariablement à parcourir ces quatre périodes, mais sans avoir pu encore y parvenir dans toute leur étendue. Chacune d'elles a porté ses efforts vers un objet particulier qui a caractérisé son esprit et ses mœurs, mais elle a pu rarement s'élever au-delà; et cet objet même, parce qu'il était isolé et exclusif, a occasionné sa ruine, après avoir été la cause de ses succès et de sa gloire par l'énergie et l'activité momentanée qu'il avait donnée aux passions de ses habitans. Les plus célèbres d'entre elles, toujours dominées par l'influence des circonstances physiques et politiques qui avaient présidé à leur premier établissement, n'ont pu se soustraire à la destinée commune et aux germes de destruction qu'elles portaient dans leur sein.

On les voit toutes successivement s'accroître ou périr par des conquêtes, se confondre par des émigrations, se perdre dans de grands empires, et ces empires eux-mêmes succomber sous une force étrangère, ou se dissoudre par les vices de leur organisation intérieure et la corruption des mœurs de leurs habitans qui en est la suite inévitable. Toutes ces révolutions différentes par les circonstances qui les ont accompagnées, sont constamment uniformes dans leurs causes et dans leurs effets. Il n'y a point encore eu de nation qui n'ait disparu de la terre, avant d'être arrivée au terme qu'elles doivent atteindre.

Si la morale de chaque peuple ou les principes de son gouvernement varient aux différentes époques de la civilisation, suivant l'esprit de son institution et les circonstances où il est placé, le sort et le caractère de chaque individu dépend aussi de sa situation ou condition particulière, de la profession qu'il exerce et des évènemens qui lui arrivent pendant le cours de sa vie. Nous avons vu en effet que, dans le plan de l'auteur de la nature, l'homme avait été obligé de créer seul les sciences, les arts, les lois et les institutions politiques, et de fabriquer lui-même, si l'on peut s'exprimer ainsi, les quatre instrumens de son bonheur, avant de pouvoir en jouir, en les faisant servir également au perfectionnement de toutes ses facultés.

Mais dans l'état de faiblesse, d'ignorance et d'isolement où il reste long-tems, ce n'est que par parties et successivement qu'il peut travailler au grand ouvrage de la civilisation què les nations et les individus se sont partagés, en formant mille associations locales et passagères pour mieux diviser leurs travaux et leurs recherches.

La nécessité où chacun d'eux se trouve de diriger ses pensées, ses habitudes et ses affections vers un objet particulier et différent, lui fait négliger, mépriser ou haïr les autres; il devient incapable d'aucune autre profession que de celle qu'il a d'abord embrassée, et s'attache aveuglement aux opinions qui lui sont transmises; ses goûts ainsi que ses actions sont invinciblement déterminés par les objets qui l'entourent. Borné à un petit nombre de relations, les intérêts de sa famille, de sa corporation, de la secte ou du parti dont il est membre, sont pour lui la limite de ses devoirs comme celui de sa vue; tout ce qui est au-delà est ennemi ou au moins rival: il faut le détruire, s'il est trop difficile de le surpasser. Telle est la morale des individus et des corporations, jusqu'à ce que tous leurs intérêts ne soient coordonnés de manière à se servir mutuellement au lieu de se nuire.

C'est donc aux habitudes exclusives, contractées d'abord par nécessité, conservées ensuite par faiblesse ou préjugé, qu'on doit attribuer les vices des individus et les malheurs qui en sont la suite, puisqu'il n'y en a aucun qui ne provienne du défaut d'exercice de quelques-unes de nos facultés naturelles, ou de l'excès dans l'usage que nous en faisons aux dépens des autres. Cette vérité est évidente quand on observe les différentes classes de la société, et les traits généraux qui les caractérisent ; on ne peut attribuer à aucune autre cause l'insolence et la dureté des maîtres, l'abrutissement et la férocité des esclaves, les mœurs efféminées et corrompues des riches, et les mœurs grossières des pauvres ; le charlatanisme et les artifices des dépositaires de l'instruction, l'aveuglement et le fanatisme des peuples. La morale de chaque individu ne pouvant être que le résultat des habitudes contractées et des opinions acquises dans tout ce qui concerne directement la conservation de son existence et l'accroissement de son bonheur, il est toujours prêt à employer la violence ou la perfidie tant qu'il n'est pas éclairé, et que les lois ne mettent pas de frein aux déprédations de la force, et aux vengeances atroces de la faiblesse méprisée. Ce n'est qu'à mesure que les lumières s'étendent, que les arts se perfectionnent, et que les intérêts privés se généralisent, que les effets funestes de la division des études, des travaux et des associations diminuent par les progrès de la civilisation qui dépendent dans le principe de cette division-là même ; mais ils ne cesseront entièrement que lorsqu'elle s'étendra également à tous les pays, à tous les individus de chaque pays, et à toutes les facultés de chaque individu.

§ 6.

Situation actuelle de l'Europe et du monde civilisé.

Tout annonçait depuis long-tems en Europe, une de ses grandes révolutions qui donnent un nouveau mouvement à l'espèce humaine. La civilisation de cette belle partie du globe avait surmonté presque tous les obstacles que la nature a opposés à son parfait développement, et était parvenue à la dernière période qu'elle devait parcourir. Ses habitans avaient hérité de leurs ancêtres ces vertus guerrières et chevaleresques, et cet amour de l'indépendance qui caractérisait les nations qui se sont élevées sur les débris de l'empire romain ; en adoptant ses lois, elles donnèrent plus de stabilité à leurs gouvernemens qui s'affermirent par l'établissement des communautés, et dont les principaux se circonscrivirent mutuellement dans des limites assez étendues pour assurer la tranquillité intérieure de leurs habitans, mais qui prévenaient cette excessive domination qui avait perdu Rome. Le rétablissement des sciences et des lettres, et la découverte de l'Amérique, avaient mis à leur disposition toutes les richesses de l'ancien et du nouveau monde, et ranimé leur activité en fournissant un nouvel aliment à leurs connaissances et à leur industrie. Par le concours de toutes ces circonstances, elles étaient parvenues dès le milieu de leur carrière au terme où les anciennes avaient fini ; et pour consommer l'ouvrage de la civilisation, il ne leur restait plus qu'un pas à franchir, celui de réformer leurs institutions et leurs lois, sur le plan qui convenait à la situation où elles se trouvaient placées. Mais cet attachement aveugle et servile aux établissemens et aux maximes, qui, après avoir élevé l'édifice social, empêche de l'achever, de le décorer et de le distribuer, arrêtait leurs efforts et menaçait la société européenne du sort de tant de peuples dont il avait causé la ruine. Les esprits éclairés sentaient de plus en plus la nécessité de s'occuper de cet objet, et y dirigeaient tous les regards. Rien ne peut en effet rester impunément stagnant ; si les institutions sociales ne se perfectionnent pas, elles se détériorent ; quand l'homme ne devient pas meilleur, il se corrompt. (1)

La France offrait en particulier un exemple frappant de cette vérité et des funestes consé-

---

(1) Le peuple est plus heureux d'obéir à une nation barbare qu'à un gouvernement corrompu. *Espr. des lois*, l. 13, c. 16.

quences qui résultent pour les nations de l'abandon de la route qui leur est prescrite, et de l'ignorance ou du mépris des lois auxquelles leur prospérité et leur conservation sont attachées. Henri IV avait calmé la fureur des guerres civiles et religieuses, et commencé à rétablir l'ordre dans toutes les parties de l'administration publique. Richelieu continua son ouvrage en concentrant l'autorité et en préparant l'établissement du vrai système politique de l'Europe. Louis XIV entreprit de l'achever, et ses premières années en donnèrent l'espoir; à l'extérieur, reculer les limites de la France aux bornes que la nature a fixées, et qui sont le garant de la paix continentale; dans l'intérienr, encourager les arts et le commerce, faire fleurir les sciences et les lettres, réformer les lois, créer une marine et assurer la liberté des mers, organiser les colonies et en faire une nouvelle source d'activité, d'industrie et de richesse pour la nation; exciter l'émulation entre tous les français qui, admis à servir l'état suivant leurs talens, que son regard pénétrant savait bien discerner, commençaient à reconnaître qu'il n'y a de distinction réelle, que celle qui est fondée sur la confiance du souverain, l'importance des fonctions publiques et les services rendus à la patrie.

Voilà le tableau des glorieux efforts de ce prince jusqu'à la mort de Colbert; mais, ainsi que

Charlemagne, il négligea d'assurer la prospérité de son peuple et la puissance de ses successeurs sur une constitution libre; et, plus malheureux que ce prince, il se survécut à lui-même.

Bientôt trompé par de faux conseils, il proscrit une portion laborieuse et utile de la nation. D'absurdes disputes théologiques, qui troublent ses dernières années, sont la source de la plupart des actes de despotisme qui accusent sa mémoire. Dans la guerre de 1688, il se laisse entraîner par l'ambition chimérique de rétablir un monarque détrôné par une nation trop fière pour recevoir un roi d'une main étrangère, et reconnaître d'autres chefs que ceux qu'elle se donne à elle-même. Mais de tous les maux qui signalèrent la fin de son règne, un des plus funestes à l'état fut l'établissement ou du moins la multiplication des privilèges, des traitans et des agioteurs, par la vente des récompenses honorifiques et des exemptions d'impôts, la création de nouvelles taxes, et l'introduction du systême des emprunts. Ainsi on vit s'élever une classe nombreuse d'hommes qui devaient les propriétés ou les distinctions dont ils jouissaient, non plus au travail ou à des services importans rendus à la patrie, mais au fruit même des dépouilles qu'ils lui avaient enlevées. Ces causes de dissolution reçoivent une nouvelle activité pendant la régence et les règnes de Louis XV et de Louis XVI, où de nouvelles querelles de religion achevèrent de détruire l'appui des anciens principes de la morale divine et éternelle.

D'un autre côté cependant un grand nombre de particuliers s'enrichissaient par les progrès de l'industrie et du commerce, et cultivaient avec succès les sciences et les lettres : (1) il se formait peu à peu de nouvelles opinions et de nouvelles mœurs. On sentait chaque jour davantage la discordance qui existait entre les anciennes institutions et l'objet qu'elles devaient remplir, et la différence de l'état réel de la France avec celui auquel elle pouvait et devait parvenir. Le vœu général de ses habitans, d'accord avec celui de tous les gens vertueux et éclairés de l'Europe, appelait une régénération salutaire qui lui fît accomplir ses grandes destinées, sans troubler sa tranquillité intérieure ni la paix des nations voisines.

Cette régénération si désirée était fondée sur la réunion de tous les pouvoirs entre les mains d'une autorité unique et centrale, mais qui n'eût pu les exercer que suivant les lois émanées de la volonté et de l'intérêt du peuple, communes

(1) *Caractères ou mœurs du siècle*, par La Bruyère. Des Grands. *Espr. des lois*, l. 1, c. 5.

à toutes les parties de l'état et à tous les citoyens sans distinction ; sur l'établissement de la liberté et de l'égalité politique, pour être le complément et la sauve-garde de la liberté et de l'égalité civile qui avait toujours été la base de la constitution française ; (1) sur le retour de toutes les institutions, non pas à l'esprit de leur origine ni à leurs maximes antiques, mais à l'objet de leur destination ; enfin sur l'application des mêmes principes aux relations de la France avec toutes les autres Nations, c'est-à-dire, sur l'établissement d'une liberté entière et d'une bienveillance réciproque.

Tout doit nous rassurer contre ce système pusillanime et corrompu qui condamne l'homme à d'éternelles oscillations entre la vérité et l'erreur, la liberté et la servitude : rien ne se perd et ne reste inutile dans la nature ; c'est avec les débris de ce que le tems détruit, qu'elle produit de nouveaux êtres et qu'elle entretient cette fermentation ou cette activité générale d'où résultent continuellement de nouveaux effets. Serait-il possible de penser que les larmes et le sang qui ont couvert le monde, ne soient qu'un germe stérile qui ne produise jamais de fruits? Les affections si vives,

---

(1) *Abrégé de l'histoire de France*, par le Pr[t] Henault. Rem. sur la seconde Race.

si délicates, si multipliées dont l'homme est susceptible, ce désir insatiable qui le presse d'étendre son existence au-delà du tombeau, d'embrasser toute la nature par ses découvertes, d'en réunir toutes les parties par ses efforts, de remplir l'espace et la durée par ses travaux et sa gloire, ne sont-ils pas des phénomènes aussi réels qne tous ceux qui frappent nos sens, des élémens aussi actifs dans leurs combinaisons infinies? Il y a dans le monde moral comme dans les sphères célestes, deux révolutions différentes; l'une qui se fait journellement et sous les yeux de chaque individu, et qui lui dispense alternativement le plaisir et la peine, comme la révolution de la terre autour du soleil qui lui distribue la nuit et le jour; et l'autre qui ne doit s'accomplir que pendant l'immense durée des siècles, ainsi que la grande période astronomique qui embrasse le système complet de l'univers; c'est principalement dans le souvenir des hommes et dans les monumens de l'histoire que sont déposés ces germes féconds de leur prospérité future. Ils font partie de notre existence actuelle; et en se multipliant à l'infini par les mêmes moyens, ils étendent successivement dans la même proportion le cercle de son bonheur avec celui de ses moyens d'action.

« Là-dessus, observe encore Kant, se fonde cet espoir qu'après maintes révolutions et transmutations d'état, enfin l'on verra succéder l'ordre universel que la nature a pour but, l'union cosmopolitique dans laquelle le genre humain verra se développer toutes ses dispositions primordiales. »

Cet espoir se change en certitude, quand on considère que, quoique les révolutions de la nature et des sociétés parussent absolument indépendantes de l'homme, et opposer à ses efforts réunis un obstacle insurmontable, il est cependant vrai qu'il est parvenu à en prévenir ou diminuer les terribles conséquences.

Depuis que l'imprimerie et le commerce ont lié toutes les nations de l'univers, les bouleversemens et les désordres particuliers qui arrivent dans le sein de chacune d'elles, ne sont plus capables de la détruire entièrement, ni d'anéantir tous les produits de sa prospérité passée. On ne connaît plus ces famines générales qui enlevaient autrefois tout un peuple isolé; le tremblement de terre de Lisbonne et celui qui a menacé d'engloutir la Calabre, ont été vraisemblablement des révolutions de la nature aussi considérables que celles dont l'antiquité nous a transmis le souvenir; mais comme leurs victimes infortunées ont trouvé dans les autres provinces de l'état, dans leur gouvernement et chez les autres nations, des secours et des moyens de réparer leurs pertes, elles ont survécu à ces désastres locaux qui n'ont point altéré sensiblement leurs mœurs et leurs opinions. Ainsi désormais, à moins qu'un bouleversement général et subit du globe entier n'y détruise en même tems toutes les traces de la civilisation (évènement qui n'est ni dans les lois connues de la nature qui agit toujours avec lenteur et graduellement, ni compatible avec la sagesse et la bonté de son auteur), l'homme connaît aujourd'hui les moyens de mettre le fruit de ses travaux à l'abri de ces secousses passagères et locales, en étendant les relations qui unissent les peuples, et en le mettant pour ainsi dire en dépôt dans les mains du genre humain. C'est alors qu'il méritera l'application de ce beau vers de Virgile sur la destinée particulière de Rome :

Tantæ molis erat *humanam* condere gentem.

§ 7.

Caractère et effets des différentes révolutions que la France a éprouvées depuis 40 ans.

Nous avons déjà observé que lorsque les nations, par quelque cause que ce soit, ont le malheur de manquer ou de dépasser le dernier terme qui leur est fixé, le sort inévitable qui les attend est marqué par celui de ces peuples jadis florissans, divisés maintenant de langage, de mœurs, de lois et de religions, qui végètent misérablement dans les pays immenses couverts de ruines et de déserts, et où la nature même, épuisée par la destruction des principes de sa fécondité, peut à peine fournir quelques moyens de subsistance à une population faible et dispersée, victime de la tyrannie des gouvernemens éphémères qui l'oppriment, et qui achèvent de jour en jour de la dégrader.

Je ne veux rappeler ici ni les causes ni les évènemens de la révolution française; ils appartiennent à l'histoire qui les gravera en caractères ineffaçables, pour l'instruction des hommes de tous les siècles et de tous les pays. Nous ne devons nous souvenir que des grands exemples de courage, de talens et de vertus qu'elle a développés dans toutes les classes de la société.

Mais quelles que puissent être encore les opinions différentes sur ces causes et sur ces effets, on ne peut plus la considérer désormais que comme une de ces grandes crises qui, dans l'ordre physique ou moral, marquent souvent l'entrée dans un nouvel âge de la vie.

Chaque nation comme chaque individu a reçu une mission qu'elle doit remplir.

Celle de la France était marquée par l'heureuse fertilité de son territoire, par sa situation entre les deux mers qui ont uni l'ancien et le nouveau monde, et surtout par les progrès qu'elle avait fait dans tous les arts de la civilisation, et par lesquels elle exerçait sur l'Europe une véritable magistrature. (*Considérations sur la France.*)

Nulle part les sciences religieuses, philosophiques et littéraires n'avaient eu tant d'éclat.

Les exploits de ses armées, dans les tems anciens et modernes, ont montré tout ce que le courage, le génie et le dévouement militaires peuvent produire de grand et d'héroïque.

Depuis la rédaction par écrit de nos anciennes coutumes, et leur perfectionnement par l'application des principes du droit romain, nos Rois avaient établi et développé l'ordre judiciaire par des ordonnances dont rien n'avait encore surpassé la sagesse, et qui avaient multiplié les richesses de la France, en favorisant le commerce et tous les genres d'industrie.

Il ne leur restait plus, pour assurer la stabilité de leur gouvernement et la prospérité de leurs peuples, qu'à franchir le dernier degré de la civilisation par l'établissement d'une constitution qui fondât la liberté publique sur une base assurée, et mît toutes nos anciennes institutions en harmonie avec l'état actuel de la nation et les effets toujours croissans du progrès des lumières.

« Mais ce n'est que lorsque la sagesse des Rois s'accorde librement avec le vœu des peuples, qu'une Charte constitutionnelle peut être de longue durée ; et elle doit lier tous les souvenirs à toutes les espérances, en réunissant les tems anciens et modernes. » (Préambule de la charte.)

L'immense majorité des Français est toujours animée par ce sentiment profond et éclairé de justice et de raison qui les porte vers le dernier terme que l'auteur de la nature a fixé aux sociétés humaines, malgré les divisions d'opinions ou d'intérêts qu'ont fait naître les diverses révolutions que nous avons éprouvées.

On a souvent accusé de frivolité et de légèreté le caractère ou l'esprit public de la nation française, parce qu'il ne devait se fixer définitivement que par l'établissement des institutions nécessaires, pour qu'elle pût remplir, dans toute son étendue, la destination ou la mission spéciale qui lui était réservée.

Au reste, *être ou ne pas être*, telle est la question à laquelle tout se réduit aujourd'hui.

La France donnera-t-elle au monde l'exemple de la sage régénération politique qui peut seule prolonger la durée des nations, ou ne laissera-t-elle aux générations futures qu'un nouveau monument des malheurs qui les attendent, lorsqu'elles s'écartent de la route qui leur est tracée ?

§ 8. Analyse de la charte constitutionnelle du royaume de France.

La charte constitutionnelle d'un peuple est la rédaction par écrit de la loi qui le constitue complètement et définitivement, en déterminant avec précision les droits et les devoirs respectifs des citoyens et des agens du gouvernement.

Mais une nation n'est primitivement constituée que par les institutions qui forment son état moral, politique et civil, en réunissant ses volontés, ses forces et ses intérêts. (1)

La loi constitutionnelle qui établit pour tous les citoyens le droit égal de pouvoir être admis aux emplois de l'état, et qui détermine les formes d'une opposition légitime aux actes du gouvernement, n'a point pour objet d'affaiblir ou de détruire ces premières institutions fondamentales; elle doit, au contraire, leur donner une nouvelle vigueur, en les rappelant au but de leur établissement, et en soumettant leurs agens à une censure régulière.

Il n'y a dans un état bien constitué qu'un seul pouvoir unique et perpétuel représentant de la nation; et sa division entraîne nécessairement celle de la nation même en autant de partis ou de factions qu'il peut s'élever de concurrens à ce pouvoir suprême; alors la lutte ne cesse que par l'asservissement du parti qui succombe au

(1) *Esprit des lois*, l. 1, c. 3.

parti vainqueur, ou par celui de la nation même à un joug étranger.

Mais les gouvernemens, qui ne forment qu'une seule personne politique, doivent, comme tous les êtres intelligens, soumettre l'exercice de leurs volontés aux lois éternelles de la justice et de la raison, et ajouter à leurs moyens personnels d'action, tous ceux qu'ils peuvent retirer des instrumens et des méthodes que les progrès de l'art de gouverner mettent à leur disposition.

Toute charte constitutionnelle se divise donc en deux parties distinctes.

La première établit les formes suivant lesquelles le pouvoir souverain doit manifester sa volonté, et peut lui imprimer le caractère de loi;

La seconde détermine celles d'après lesquelles les lois doivent être exécutées suivant leurs différens objets.

La charte que le Roi a donnée à ses peuples renferme, sur la première partie, tous les principes que l'expérience des siècles, confirmée par vingt-cinq années de révolution, avait consacrés et elle annonce, sur la seconde, l'établissement des institutions particulières qui doivent la compléter.

L'analyse rapide des quatre sections auxquelles se réduit la première partie de la charte, est le meilleur moyen de faire apprécier la sagesse de ses dispositions qui ne sont pas encore assez généralement connues, respectées et exécutées.

Droits publics des Français.

Tous les droits de l'homme se réduisent aux quatre que la charte a solennellement déclaré :

1° L'égalité absolue devant la loi, et proportionnelle dans la contribution aux charges de l'état; (art. 1 et 2.)

2° La sureté individuelle, ou la liberté dans ses actions et dans l'expression de ses pensées; (*ibid.*, art. 4, 5, 8.)

3° La garantie de la propriété de son état et de ses biens; (*ibid.*, art. 9, 10, 70.)

4° La liberté politique, ou l'admissibilité à tous les emplois, et la garantie des récompenses honorifiques ou pécuniaires accordées aux services publics. (*ibid.*, art. 3, 69, 71, 72.)

Formes du gouvernement du Roi.

Le Roi est le seul représentant héréditaire de la nation, et, en cette qualité, la source de tous les pouvoirs civils et politiques, et le souverain législateur de son royaume.

Sa personne est inviolable et sacrée (charte, art. 13.), et l'ordre de la succession à la couronne est invariablement fixé dans son auguste famille. (1)

(1) Il ne reste plus qu'à fixer par des lois positives l'âge où doit finir la minorité des rois, la nomination

Mais en même tems le Roi est le chef suprême de l'état, et le seul organe de la nation dans ses relations avec les puissances étrangères. Il commande les forces de terre et de mer, nommè à tous les emplois, et a le droit de faire grace et de commuer les peines. (*ibid.*, art. 14 et 67.)

Et sous ces derniers rapports, comme dans tous les actes de l'administration publique, il ne peut agir que par l'intermédiaire de ministres responsables, qu'il nomme et révoque à sa volonté.

Sa majesté s'est réservée de spécifier, par des lois particulières, les délits dont ses ministres pourraient se rendre coupables dans l'exercice de leurs fonctions, et d'en déterminer la poursuite. (*ibid.*, art. 55 et 56.)

De la chambre des pairs.

La chambre des pairs forme, dans le système d'une monarchie légitime, le corps particulièrement chargé du dépôt des lois qui la constituent, et de la conservation de ses institutions fondamentales. (1)

Son premier objet est de repousser toutes les innovations dangereuses que la malveillance ou

---

et les pouvoirs du régent pendant cette minorité, et enfin les devoirs particuliers des membres de la famille royale envers son chef.

(1) *Esprit des lois*, l. 2, c. 4.

un zèle irréfléchi pourraient proposer; mais elle est également destinée à seconder, par son suffrage, toutes les améliorations utiles qui ne portent aucune atteinte à des droits légitimement acquis.

L'établissement d'une aristocratie constitutionnelle, composée de pairs héréditaires ou à vie, nommés par le Roi, unit intimement aux destinées de la France, et attache particulièrement à la stabilité de son gouvernement les familles illustrées par des services anciens ou récens rendus à l'état, et il permet en même tems de fortifier cette belle institution par l'admission des citoyens les plus recommandables dans toutes les professions publiques. (Charte, art. 24, 25, 26, 27.)

De la chambre des députés.

L'institution de la chambre des députés est particulièrement celle qui forme l'état constitutionnel d'une nation, par la censure qu'elle est appelée à exercer.

« Plus rapprochés des besoins du peuple, ils sont particulièrement destinés à les faire connaître, et à concourir aux moyens de les soulager. » (1)

Leur mission spéciale est de consentir, après un sévère examen, les impôts nécessaires; d'ad-

(1) Adresse présentée au Roi, par la chambre des députés, en 1814.

mettre ou de provoquer dans les lois les changemens et les améliorations que peuvent réclamer l'intérêt public, et de recevoir les pétitions qui leur sont adressées par écrit par les citoyens. (Ch., art. 17, 18, 19, 20, 21, 47, 48, 49, 53.)

La charte a fixé le nombre des députés, la durée de leur mission, leur renouvellement chaque année par cinquième, les conditions d'âge et de fortune nécessaires pour être admis dans la chambre, l'ordre et la forme de ses délibérations. (Charte, art. 34, 36, 37, 38, 43, 44, 45, 46.)

En général, toutes ces dispositions sont empreintes de la plus haute sagesse, et en harmonie avec notre situation actuelle et notre caractère national.

Dans le véritable système constitutionnel, la chambre des députés n'est point une institution destinée à développer les grands talens de l'éloquence, et doit être encore moins une arène ouverte aux passions, ou un foyer d'intrigues pour parvenir aux places et aux honneurs.

Son unique objet est d'exercer le grave et l'auguste ministère de la censure publique sur tous les actes de l'administration.

Appelés à prononcer sur les plus grands intérêts de la société, le premier devoir des citoyens chargés de remplir cette honorable mission, est, ainsi que celui des jurés, de n'écouter jamais ni la crainte ni l'affection, de ne se décider que d'après leur conscience et leur intime conviction, de ne connaître d'autre parti que celui du Roi et de la justice, et surtout de ne pas exciter des divisions dans une nation dont l'immense majorité regrette d'en avoir été victime, et n'aspire qu'au repos.

Tel est en effet le caractère d'indépendance et de modération qui convient à des hommes chargés de représenter l'universalité des citoyens et des intérêts de leurs départemens.

§ 9. Des lois organiques qui doivent compléter la charte, et assurer son exécution.

Le Roi a jugé nécessaire de préparer une législation qui *s'accorde avec nos institutions, avec les habitudes et les besoins du pays.* (1)

Dans l'état actuel des choses, non seulement donc il est permis, mais il peut être utile d'examiner les différentes questions que les intentions connues de sa majesté autorisent à discuter, sans craindre de contrarier la sage réserve qu'elle avait cru devoir s'imposer, sur la mesure et sur l'époque des améliorations dont la charte est susceptible.

---

(1) Rapport fait au Roi par le Ministre de l'Intérieur, le 28 février 1828.

Pendant long-tems des circonstances particulières « ont exigé de réduire les différentes lois organiques de notre constitution à ce qui était nécessaire, de manière à ôter le prétexte d'atteinte à la charte, et d'attendre que la nécessité de ces modifications eût été plus universellement reconnue. » (1)

Mais les causes qui ont perpétué les divisions d'opinions, de sentimens ou plutôt d'intérêts personnels auxquels l'exécution franche et loyale de la charte pouvait seule mettre un terme, n'existent plus, et la haute sagesse de sa majesté a reconnu *qu'il était enfin juste de satisfaire aux besoins réels du pays.*

« Il semble qu'on ait voulu long-tems perpétuer un système de législation confus et inextricable, et ne jamais faire une loi qui eût renfermé en elle-même et son élément et son complément, en sorte que les jurisconsultes ont été obligés de faire l'office des législateurs, et de rapprocher, comparer, résoudre vingt lois en une.

» Les français appèlent de tous leurs vœux un système complet de législation, conséquent avec notre régime actuel, et veulent un état

---

(1) Exposé des motifs de la loi sur les Elections, présentée le 17 avril 1828.

de choses tel, qu'il n'y ait plus de contradiction entre les actes et les doctrines, et que le trône constitutionnel ne soit pas réduit à demander secours au comité de salut public, et le citoyen au despotisme impérial. » (1)

Mais pour établir enfin le système complet de législation que le Roi a ordonné de préparer, on ne doit pas perdre de vue ce sage principe d'un auteur célèbre :

« Il y a différens ordres de lois, et la sublimité de la raison humaine consiste à savoir bien auquel de ces ordres se rapportent principalement les choses sur lesquelles on doit statuer, et à ne point mettre de confusion dans les principes qui doivent gouverner les hommes. » (2)

La première loi complémentaire ou organique de la charte, est évidemment celle qui doit fixer les conditions nécessaires pour exercer les droits politiques et obtenir la qualité de *citoyen, laquelle ne s'acquiert et ne se conserve que conformément à la loi constitutionnelle.* (C. civ., art. 7.)

La préparation de cette loi est un des objets de la commission nommée par le Roi le 28 février

(1) *Gazette des Tribunaux*, 25 avril 1828. Annonce d'un ouvrage intitulé : *Code du jury et des élections.*

(2) *Esprit des lois*, l. 26, c. 1.

dernier, à laquelle j'ai soumis des observations qui m'ont paru utiles pour bien fixer la nature et le principe de cette loi fondamentale. (1)

La seconde loi complémentaire de la charte, qui suppose l'établissement de la première, est celle qui a été présentée à la chambre des députés, le 14 avril 1828, sur la presse périodique, et sur laquelle j'ai cru également utile de lui soumettre quelques observations particulières. (2)

Les autres lois complémentaires ou organiques de la charte qui me paraîtraient devoir fixer particulièrement l'attention des législateurs, en se conformant aux principes de l'auteur que nous avons déjà cité, seraient celles qui seraient relatives à l'organisation définitive du conseil d'état, et à la fixation des limites précises de la puissance spirituelle et temporelle.

On a reconnu dans tous les tems la nécessité d'établir, dans une monarchie légitime, un corps permanent chargé du dépôt des lois, lorsqu'elles ont été faites suivant les formes particulières à sa constitution politique; de régler les différens conflits de jurisdiction qui peuvent s'élever entre les autres magistratures intermédiaires, et d'annuler leurs actes, lorsqu'ils sont

(1) Elles ont été imprimées à Rennes, au mois de mars 1827.

(2) Elles ont été imprimées à Rennes, au mois de mai 1828.

contraires aux lois positives, ou qu'ils excèdent leurs attributions particulières.

Outre ce pouvoir constitutionnel, il serait à désirer que ce corps divisé en plusieurs chambres ou sections, eût le droit de présenter au choix du Roi tous les citoyens qui se seraient rendus dignes d'être admis dans les différentes magistratures publiques, en remplissant les conditions établies par la loi; droit que la sagesse de nos rois avait reconnu dans le tems même où le pouvoir royal était plus absolu que dans la forme de notre constitution actuelle.

Il serait encore nécessaire que le conseil d'état fût autorisé à prononcer la destitution des magistrats inamovibles, dans les cas d'incapacité, de négligence et de prévarication, qui seraient également déterminés par des lois positives.

Enfin, il pourrait être consulté sur les récompenses honorifiques ou pécuniaires qui devraient leur être accordées en raison de l'importance et de la durée de leurs services.

Une pareille institution n'affaiblirait point la puissance du gouvernement qui conserverait toujours le droit de nommer seul à tous les emplois de l'administration publique, d'accorder les récompenses, ou de provoquer les punitions qui lui paraîtraient conformes à la justice qu'il doit également à tous les citoyens.

Elle diminuerait tout au plus ***la prérogative des bureaux, qui est, pour la France entière, tout le secret de la centralisation.*** (1)

Enfin, cette institution serait le seul moyen de mettre un terme aux deux seuls abus auxquels un gouvernement constitutionnel est exposé :

1° La lenteur ou la précipitation avec lesquelles on discute quelquefois les lois les plus urgentes ou les plus importantes, dont les projets aussi ne peuvent pas être assez mûrement rédigés, pour mettre dans le système complet de notre législation, la clarté et la simplicité qui doivent être particulièrement le but des législateurs ;

2° Les usurpations que les différens partis qui peuvent quelquefois se former dans les grands corps politiques, tendraient à commettre sur la prérogative royale, en voulant par leurs intrigues se rendre les distributeurs réels de toutes les places et de toutes les récompenses publiques qui, dans un gouvernement monarchique, légitime et constitutionnel, ne doivent être accordées qu'aux citoyens qui ont rempli les conditions

(1) *Des Magistrats d'autrefois, etc.*, par M. Dupin, p. 66.

générales établies par la loi, et sur la présentation des corps ou des agens responsables chargés de vérifier l'accomplissement exact de ces différentes conditions. « Nouveau systême de vénalité, qui serait plus odieux, s'il pouvait jamais s'établir en France, que celui qui a lieu, dit-on, dans d'autres états où les candidats à la chambre élective paient au moins de leur bourse les électeurs qui consentent à leur donner leurs suffrages; tandis qu'en France, ce serait aux dépens du public, et au grand préjudice de l'autorité royale, que ce systême pourrait s'établir. (1)

Les limites précises des attributions de la puissance spirituelle et de la puissance temporelle, ou du sacerdoce et de l'empire, qui, suivant la belle pensée de Bossuet, *ne relèvent que de Dieu, et sont deux puissances indépendantes, mais unies,* ont déjà été déterminées dans leurs rapports essentiels, par la charte et par les différens traités qui ont été successivement conclus entre le Souverain Pontife et le gouvernement français. Mais il reste encore à les fixer avec plus de clarté, relativement à l'instruction de la jeunesse, afin que l'enseignement religieux des droits et des devoirs généraux que Dieu a également assignés à tous les hommes, quelle

(1) *Lettre à MM. les Electeurs de l'arrondissement de Rennes*, imprimée à Rennes en février 1828.

que soit leur situation accidentelle dans la société, ne puisse jamais être confondu avec celui de toutes les connaissances qui leur sont spécialement nécessaires pour pouvoir remplir les différentes professions particulières auxquelles ils peuvent être appeles; enseignement confié par nos lois politiques au corps de l'université chargé du dépôt des connaissances humaines, et du soin de les conserver, de les distribuer et de former des maîtres capables de les enseigner.

La nécessité et l'urgence de ces deux dernières lois sont particulièrement reconnues et par le gouvernement, et par la chambre des députés, dont plusieurs discussions annoncent qu'on a déjà senti le besoin de s'occuper d'objets également réclamés par les besoins réels du pays, et les vœux manifestés par plusieurs conseils généraux de départemens.

§ 10. Avis aux jeunes gens.

Je me suis déterminé à publier cet ouvrage, parce que j'ai cru qu'il pouvait vous être utile, au moment où vous vous préparez à remplir dans la société une des différentes fonctions publiques nécessaires à sa conservation et à son perfectionnement.

Les lois *morales* et *politiques* auxquelles Dieu a soumis tous les êtres intelligens, sont aussi immuables que celles auxquelles sa sagesse a également assujetti les révolutions du monde physique et des globes célestes qui lui distribuent la lumière, et lui impriment le mouvement.

Les principes de la religion dans laquelle vous avez été élevés, vous ont déjà fait connaître la véritable nature et la destinée sublime de l'homme.

Vous savez qu'il a reçu en naissant quatre facultés particulières, dont la réunion constitue sa supériorité sur tous les autres êtres créés, et doit le rendre l'agent de la Providence, dans l'exécution de ses desseins, pour le perfectionnement progressif et le bonheur final de l'espèce humaine.

Ces facultés sont l'intelligence, l'activité, la raison, la vertu.

Mais leurs développemens et leurs progrès sont subordonnés à ceux des quatre institutions sociales qui correspondent à ces différentes facultés.

Ces quatre institutions sont :

1° Les institutions relatives à *la religion* et à *l'instruction publique*, qui conservent le dépôt des *sciences*, et doivent les distribuer à tous les hommes, dans la mesure suffisante ; mais aussi avec toute l'étendue nécesaire à l'exécution des travaux et à l'accomplissement des devoirs que leur impose leur situation ou leur profession sociale.

2° Les institutions relatives au *gouvernement* ou à *la puissance publique*, qui doivent encourager et protéger toutes les professions utiles, et favoriser particulièrement les progrès de l'industrie et des *arts*, qui peuvent seuls ajouter de nouvelles forces à la capacité naturelle de l'homme, en mettant à sa disposition tous les moyens ou instrumens qui accroissent et multiplient la puissance de ses facultés actives.

3° Les institutions relatives à ***la justice*** et ***à la magistrature publique***, qui peuvent seules maintenir les relations civiles et assurer l'exécution des *lois* qui sont l'expression de la raison et de la volonté générale, mais que les passions particulières font souvent violer; violation qui doit être prévenue et punie dans l'intérêt de la conservation de la société, et même dans celui des individus qui s'en rendent coupables, afin de les rappeler à leurs devoirs par le repentir, qui peut seul expier leurs fautes.

Dieu fit du repentir la vertu des mortels. (Voltaire.)

4° Enfin les institutions relatives à ***l'administration*** et à ***l'économie*** de la richesse publique, qui, en créant un ***intérêt commun***, ou ***unam rem publicam***, pour toutes les classes de la société, donnent un point de ralliement à toutes les ***vertus particulières***, récompensent tous les services, font un devoir légal du désintéressement personnel, par les sacrifices qu'elles imposent, soulagent toutes les infortunes et favorisent toutes les industries.

Il en résulte que, dans l'ordre admirable établi par la Providence divine, les devoirs naturels de chaque homme, considéré comme individu, et les devoirs politiques des citoyens, considérés comme fonctionnaires publics, ont également quatre objets distincts et correspondans.

Les devoirs naturels de l'homme consistent donc :

1° Dans l'étude constante et appropriée à sa situation spéciale des connaissances nécessaires pour remplir ses devoirs, et éviter les dangers auxquels il peut être exposé en manquant aux règles de *la prudence* ;

2° Dans un travail assidu pour développer et employer utilement ses facultés actives dans l'exercice d'une profession particulière, sans se laisser rebuter par aucun obstacle, ni effrayer par aucun danger ; qualités qui constituent essentiellement *le vrai courage* ;

3° Dans l'observation des lois de *la justice* envers tous les hommes, dont les droits sont également consacrés par la loi universelle qui les unit dans une société commune, et la soumission particulière au gouvernement et aux lois de son pays ;

4° Enfin dans *la tempérance*, ou la modération dans la jouissance et même dans le désir de tous les biens et de tous les avantages de la vie, sans laquelle il ne peut exister aucun vrai désintéressement, aucun sacrifice réel, aucun dévouement sincère à la patrie.

Les devoirs politiques du citoyen, correspondent exactement à ces quatre divisions primitives de la morale privée de chaque individu :

1° *Enseigner les ignorans*, et leur distribuer avec sagesse et discrétion toutes les connaissances particulières qui peuvent leur être utiles ;

2° *Protéger les faibles*, diriger leurs travaux, garantir leur sureté individuelle, et leur donner l'espérance ou plutôt la certitude qu'ils peuvent s'y livrer en tout tems, sans crainte et sans danger ;

3° *Punir les méchans*, et les rappeler à leurs devoirs par une sévérité juste et salutaire, qui prévienne la multiplication des crimes et des injustices ;

4° Enfin, *récompenser les bons et loyaux services*, secourir les pauvres, augmenter les sources de la richesse commune, l'administrer avec économie et la distribuer avec sagesse.

Telles sont les belles, les utiles fonctions publiques, que votre éducation et vos talens vous appèlent à remplir, et dont l'exercice honorable a fait acquérir dans tous les tems la qualité de *noble* ou de *gentis homo*, de *notable* ou de *citoyen*; qualifications identiques, mais qui ont varié suivant les formes particulières des constitutions politiques des différens gouvernemens, *qui sont toujours bons quand ils sont bien administrés.* (1)

Depuis la restauration de nos Princes légitimes sur le trône qui avait été occupé pendant une longue suite de siècles, et avec tant de gloire, par leurs augustes aïeux, et depuis l'établissement de la charte constitutionnelle, qui a déterminé avec tant de clarté les formes de leur gouvernement et les droits publics des Français, il ne peut plus exister aucun prétexte à l'esprit de secte ou de parti, ni à ces malheureuses divisions qui ont été la suite des diverses révolutions que nous avons éprouvées depuis quarante ans.

Mais ces révolutions elles-mêmes, si terribles dans leurs effets, et qui mettent à nu les vieux fondemens de la structure des sociétés humaines, peuvent cependant avoir des résultats utiles, *lorsqu'elles servent à rétablir la foi et la morale primitives que Dieu avait d'abord données aux hommes.* (2)

Suivant les lois de cette morale éternelle, vous devez être toujours également *religieux, royalistes, constitutionnels et libéraux.*

---

(1) Pope, *Essai sur l'homme*, ép. 3.

(2) Pope, *ibid.*

Vous devez donc toujours, en suivant le même ordre et la même gradation dans l'accomplissement de vos devoirs *naturels* et *politiques*,

1° Obéir aux lois éternelles que Dieu a données à tous les hommes; *à cette parole sacrée qui ne passera point, lors même que le ciel et la terre passeront*, (Saint Mathieu, chap. 24), sans qu'aucune considération puisse jamais vous déterminer à enfreindre des lois dont la sagesse inspire le respect et l'amour, comme elles soumettent toute résistance, par leur inévitable nécessité;

2° Obéir ensuite à l'autorité du *Roi* et de tous vos supérieurs légitimes, avec une fidélité et un dévouement inaltérables; obéissance qui ne reçoit d'exception que dans le cas seul où ils vous commanderaient un acte contraire à la loi de Dieu, qui comprend toutes celles de la conscience et de l'honneur;

3° Respecter et observer exactement les lois qui fixent vos relations sociales avec tous ceux qui sont vos égaux, d'après les dispositions particulières des *lois civiles*, auxquelles vous êtes soumis par la *Constitution* de votre patrie;

4° Enfin vous soumettre, avec la même loyauté, aux sacrifices personnels de tems, de travail, de fortune, et même à celui de votre vie, lorsque l'intérêt public peut l'exiger de vous; sacrifices qui seuls caractérisent l'homme vraiment *noble, généreux* et *libéral*.

Tenez-vous également en garde contre tous ceux qui voudraient vous persuader que ces différens devoirs sont incompatibles, tandis que ce ne seraient que leurs prétentions exclusives à la direction des différens pouvoirs de la société, qui pourraient se trouver inconciliables.

Ne séparez jamais ce que Dieu même unit en se rendant le témoin et le garant des sermens que nous prêtons devant lui, et rappelez-vous toujours que dans la première loi écrite qu'il a donnée aux hommes, il leur a spécialement défendu de jurer ou de prendre en vain son nom redoutable et sacré.

Les partis qui, à toutes les époques de nos troubles politiques, se sont manifestés en France sous différens noms, ont occasionné tous les malheurs dont vos pères ont été victimes; que leur expérience ne soit pas entièrement perdue.

Dans l'état actuel des choses, il est plus important qu'il ne l'a jamais été à aucune autre époque de notre histoire, de connaître, dans toute leur étendue, *les vrais principes du droit naturel et politique*, ou *les devoirs de l'homme et du citoyen*.

Si la France, appelée à achever la civilisation de l'Europe, par sa situation entre les deux mers qui ont uni l'ancien et le nouveau monde, par le caractère noble et généreux qui a toujours distingué la race de ses Rois légitimes et la nation soumise à leur gouvernement, et par le perfectionnement progressif de toutes ses institutions sociales, ne remplit pas dans toute son étendue la mission qui lui était réservée, elle éprouvera la destinée de tous les individus qui manquent aussi à leur vocation particulière, lorsque les malheurs qu'ils ont éprouvés par leur faute, ne les déterminent pas à les réparer, quand il en est tems encore.

C'est donc à vous de voir si vous voulez vous rendre dignes par vos connaissances, par vos talens et par vos vertus, de concourir à l'accomplissement des destinées de votre patrie, ou si vous préférez être témoins et victimes d'une de ces grandes catastrophes qui, après des siècles de gloire et de prospérité, ont souvent replongé les nations dans un état de barbarie et d'oppression plus humiliant et plus cruel que celui qui avait précédé le long et pénible enfantement de leur civilisation.

Tous les évènemens de la vie ne sont jamais pour l'homme que des moyens d'*instruction*, des *épreuves* nécessaires, des *châtimens* ou des *récompenses* justement méritées

COURS
DE DROIT
NATUREL ET POLITIQUE.

CONCLUSION DE LA PREMIÈRE LEÇON.

La Charte constitutionnelle du royaume de France a reconnu et établi, relativement aux formes du gouvernement du Roi, tous les principes généraux que l'expérience des siècles, confirmée par vingt-cinq années de révolutions, avait consacrés.

Les principes, particulièrement relatifs à l'exercice de la puissance législative se réduisent à quatre :

1° Aucune loi, de quelque nature qu'elle soit, ne peut contenir de dispositions contraires à la loi de Dieu et aux droits naturels de l'homme, dont la religion catholique seule a conservé le dépôt qu'elle doit transmettre intact aux dernières générations humaines.

2° Aucune loi ne doit affaiblir la puissance publique du gouvernement, puissance qui est le premier attribut de toute souveraineté.

3° Aucune loi ne doit être contraire aux règles éternelles de la justice, qui est son second attribut.

4° Enfin, aucune loi ne doit contenir de dispositions contraires à l'intérêt public, et elles doivent toujours être inspirées par le caractère de générosité et de bonté, qui est son troisième et dernier attribut. (1)

Les principes particuliers relatifs à l'exercice de la puissance exécutive, se réduisent également à quatre :

1° Tous les Français sont admissibles aux emplois religieux, militaires, civils ou administratifs, en remplissant néanmoins les conditions générales d'âge, d'instruction, de fortune, et de vertus publiques ou de services antécédens, que la loi établit également pour tous dans l'intérêt général de la société.

2° Le Roi, comme chef suprême de l'état, nomme seul à tous les emplois de l'administration publique. (Ch., art. 14.)

3° Les capacités légales nécessaires pour pouvoir être nommé aux différentes fonctions publiques, doivent être vérifiées et constatées par

(1) Les différens caractères de la souveraineté sont développés en détail dans mon ouvrage intitulé *Pensées extraites de la politique sacrée de Bossuet*, imprimé à Rennes en 1827.

les corps ou agens responsables, chargés de présenter au choix du Roi les citoyens qui ont rempli les conditions exigées par la loi.

4° Enfin, tous les Français qui ont acquis la qualité de citoyen, conformément à la loi constitutionnelle de l'état, peuvent exercer par eux-mêmes ou par les électeurs qu'ils ont choisi, une censure morale sur les candidats qui se présentent pour remplir les différentes fonctions publiques, en sorte que le choix du Roi, toujours libre, ne puisse néanmoins jamais tomber que sur ceux qui sont honorés de la confiance de leurs concitoyens.

Ces principes sont tellement évidens qu'ils ont toujours servi de base à tous les gouvernemens légitimes.

Ainsi en France, le Roi, qui a toujours été le seul répresentant héréditaire de la nation et le souverain législateur de son royaume, n'a jamais pu, dans aucun tems, établir des lois particulières contraires à la loi fondamentale de l'état, et ces différentes lois particulières ont toujours du être vérifiées et discutées jadis dans les parlemens et dans les assemblées des Etats-généraux et provinciaux, comme elles le sont actuellement dans la Chambre des pairs et dans celle des députés.

Le Roi pouvait également, dans l'exercice du pouvoir exécutif, confier les différentes fonctions publiques à tous les français sans distinction; mais leurs capacités légales devaient être vérifiées par les différentes facultés de l'instruction publique, et ils étaient ensuite présentés au Roi, soit par les corps mêmes dans lesquels ils devaient être admis, soit par des notables ou des jurés d'élection, qui attestaient leur moralité et leurs droits à l'estime et à la confiance publique.

Ainsi les formes des gouvernemens peuvent changer; mais, comme Pope l'a observé avec tant de raison, ils sont toujours bons, quand ils sont administrés suivant les règles éternelles du sens commun, et de la justice.

Si l'on ne s'en était pas écarté dans les tems de décadence qui ont précédé la révolution, les Français particulièrement attachés aux formes de l'ancien régime pouvaient encore dire comme Énée:

Trojaque nunc stares Priamique arx alta maneres.
(Virgile.)

Mais si les révolutions successives que nous avons éprouvées, rétablissent parmi nous, suivant l'observation du même auteur, la foi et la morale éternelle que Dieu a données aux hommes, la France, en réparant les excès et les malheurs de ces différentes révolutions, profitera en même tems des lumières, de l'énergie et des grandes vertus privées ou publiques qu'elles ont développées dans toutes les classes de la société, et qu'il serait également injuste de méconnaître.

La majorité de la nation, comme celle de presque toutes les assemblées délibérantes a toujours été saine, (1) et elle a toujours désavoué, tôt ou tard, les partis extrêmes qui l'ont successivement entraînée dans des abymes d'où elle n'est sortie que par la protection spéciale de la providence divine.

Il n'est pas moins vrai qu'elle aurait toujours voulu rester dans ce *juste milieu*, que Confucius a recommandé comme étant le caractère distinctif de la vertu, et allier, suivant la doctrine de Saint-Paul, *fidem et rationem,* la foi et la raison; et suivant celle de Tacite, *principatum et libertatem,* le pouvoir et la liberté, choses qui paraissent quelquefois inconciliables, *res olim dissociabiles,* mais dont la réunion fait aujourd'hui la base de toutes nos institutions politiques.

Il n'est pas moins vrai qu'elle a toujours détesté et qu'elle détestera toujours la fraude et le parjure, incompatibles avec le caractère noble et généreux qu'elle a hérité de ses ancêtres, et qu'on ne parviendra jamais à naturaliser en France ces intrigues déplorables qui ne se sont manifestées que trop souvent dans nos colléges électoraux, et

(1) Paroles remarquables de M. De Serre.

même dans nos grands corps politiques, malgré les prétextes spécieux dont on les décore, et malgré les reproches d'indifférence ou d'égoïsme qu'on a fait quelquefois à ceux qui ne connaissent d'autre parti que celui de la religion, du Roi, de la justice et de la liberté, sans vouloir jamais séparer des intérêts indivisibles pour des cœurs vraiment français.

Ces révolutions ont fait assez de victimes et ont entraîné assez de malheurs, pour que tous les français se rallient enfin de bonne foi sous l'autorité paternelle de nos Rois, et des institutions qu'ils nous ont données.

Cette grande époque a laissé aussi des souvenirs mémorables, et produit de grands résultats qui peuvent être utiles.

Ses premières années ont fait renaître en France ce caractère d'héroïsme et de chevalerie qui avait distingué nos ancêtres, alors même qu'ils combattaient souvent sous des bannières différentes et dans des camps opposés.

Nous avons vu ensuite nos braves se rallier sous les mêmes étendards, par cet amour de la gloire nationale qui avait caractérisé les règnes de Charlemagne et de Louis XIV.

La restauration de nos princes légitimes a détruit les derniers germes de nos divisions intestines, et ils ont su rallier tous les intérêts par des établissemens qui, comme ceux de Saint-Louis et de Charles Le Sage, ont confirmé et étendu nos droits civils et politiques.

Il ne nous reste plus qu'à nous montrer dignes de tant de bienfaits, et à nous élever à la hauteur de la sagesse de nos rois, dont les augustes successeurs continueront l'ouvrage, en rappelant à la France les règnes de Louis XII et de Henri IV, dont ils portent les noms glorieux qui seront éternellement chers à la mémoire du peuple français.

On a de la peine à concevoir comment, dans un tel état de choses, il peut encore se trouver des hommes qui cherchent à perpétuer nos dissensions et à répandre dans les différentes classes de la société des inquiétudes absurdes et chimériques ;

Comment on ose encore proclamer ces doctrines séditieuses, d'après lesquelles un français, un électeur, un député ne doit plus consulter sa conscience, et doit toujours, au contraire, voter d'après les opinions ou les intérêts de la secte ou du parti dans lesquels il se trouve engagé ;

Comment enfin, lorsque la sagesse de nos Rois a jugé nécessaire depuis long-tems, de préparer une législation *qui s'accorde avec nos institutions, avec les habitudes et les besoins réels du pays, auxquels il est juste de satisfaire*, on peut encore être divisé sur l'établissement des lois organiques de la charte qui ne présentent aucune difficulté réelle, si l'on veut se conformer de bonne foi aux principes qu'elle a établis.

Serait-il donc vrai *que les partis ne sont que des intérêts et des passions personnifiées*, (1) et qu'il y eût encore des hommes disposés à leur sacrifier l'avenir de la France, comme on leur a sacrifié pendant un si grand nombre d'années sa tranquillité intérieure, sa gloire et sa prospérité?

---

(1) *Le Catholique*, *tome* 12, *pag.* 104.

www.ingramcontent.com/pod-product-compliance
Ingram Content Group UK Ltd.
Pitfield, Milton Keynes, MK11 3LW, UK
UKHW021120260726
13994UKWH00002B/953